이 책의 한국어 판 저작권은 Altitude Anyway와 독점 계약한 새물결출판사에 있습니다.
신저작권법에 의해 한국 내에서 보호를 받는 저작물이므로 무단 전재와 복제를 금합니다.

책의 판매수익금 중 일부는 지구환경보호를 위해 기부됩니다.

얀이 들려주는 하늘에서 본 **지구이야기 3**_ 세계의 나라들
사진 | 얀 아르튀스-베르트랑
기획 | EFA-KOREA
글쓴이 | 김외곤
디자인 포맷 | AGI
펴낸이 | 홍미옥
펴낸곳 | 새물결
펴낸날 | 1판 1쇄 2013년 5월 3일
등록 | 서울 제15-52호 (1989.11.9)
주소 | 서울특별시 마포구 서교동 475-1 2층 우편번호 121-896
전화 | (편집부) 3141-8696 (영업부) 3141-8697 **팩스** | 3141-1778
e-mail | saemulgyul@gmail.com

Photo © Yann Arthus-Bertrand.
© 새물결, 2013

ISBN 978-89-5559-353-2 (64600)
ISBN 978-89-5559-350-1 (세트)

얀이 들려주는

하늘에서 본
지구
이야기
3

얀 아르튀스 베르트랑

글 김외곤

샘물결

찾아보세요

머리말
친구들아 안녕, 내 이름은 중휘야 · 8

엑수마 제도의 작은 섬들과 해저 · 10
나할랄의 농촌 공동체 모샤브 · 12
고스 블러프의 운석 구덩이 · 14
몬테카를로의 컨퍼런스 센터 지붕 테라스 · 16
생브리윅의 재활용 자동차들 · 18

한텡그리 산 부근의 푸른 빙하 강물 · 20
오하우 호수 근처의 강과 발전소 · 22
와디 럼 사막의 푸른 채소밭 · 24
이비투드의 툰드라를 달리는 순록 무리 · 26
꼭대기의 만년설이 녹은 킬리만자로 산 · 28
이빈도 국립 공원의 폭포수 · 30

서서히 크기가 줄고 있는 폴게포나 빙하 · 42

대통령 얼굴이 그려진 소웨토의 발전소 냉각탑 · 44

두 색으로 나뉜 아나톨리아의 농토 · 46

서안 지대에 설치된 높은 분리 장벽 · 48

얀 아저씨는 우리에게 어떤 이야기를 들려주고 싶은 걸까요? · 50

* 사진 옆에는 작은 세계 지도가 있어요. 여기에 표시된 점이 사진을 찍은 곳이랍니다.

통킬의 대막대기 위의 마을 · 32

라자스탄 지역의 집 마당에 그려진 그림 · 34

레절루트 만의 쇄빙선 · 36

점박이 개 달마티안의 아름다운 고향 · 38

알레포의 접시 모양의 안테나들 · 40

친구들아 안녕, 내 이름은 중휘야

나는 이제 초등학교 6학년이야. 우리 엄마는 책 만드는 일을 하시는데, 지난 5년 동안 프랑스의 항공 사진작가 아저씨와 하늘을 날며 우리나라의 아름다운 모습을 사진으로 찍으셨어. 그 사진들을 담아서 만든 책이 『하늘에서 본 한국』이야. 아저씨 이름은 얀 아르튀스-베르트랑인데, 부르기에 너무 어렵지? 엄마는 그냥 '얀'이라고 불러. 아저씨는 세계적으로 유명한 사진작가라고 해. 인터넷에서 '하늘에서 본 지구'를 검색해 보면 아저씨가 전 세계 곳곳을 돌아다니며 찍은 사진들을 볼 수 있어. 몇년 전에 인기를 끈 드라마 〈꽃보다 남자〉에 나온 누벨칼레도니의 '하트' 사진을 처음으로 찍은 사람도 얀 아저씨래.

나의 꿈은 역사학자가 되어 세계의 역사를 공부하는 거야. 그래서 지구본을 보면서 '지구 위의 모든 나라를 여행할 수 있으면 얼마나 좋을까' 하고 상상하곤 해. 나는 언젠가 세계의 모든 나라를 여행하고 싶어. 그래서 나는 얀 아저씨가 전 세계를 여행하면서 찍은 『하늘에서 본 지구』라는 책을 넘겨보면서 앞으로 가고 싶은 나라를 떠올려 보곤 해. 정말 멋지지 않니?

나는 이 책이 정말 좋아. 크기가 엄청난 데다 멋진 사진들로 가득 차 있거든. 우리가 사는 지구에 얼마나 다양한 사람과 생명들이 모여 사는지를 보여주는 장면들이 가득 담겨 있어. 산과 바다 그리고 집들의 모양이 얼마나 다채로운지, 또 땅의 모양들과 생물과 사람들이 만들어내는 색깔은 얼마나 신기한지 눈을 뗄 수 없을 정도야.

아저씨 책을 넘기다 보면 단순히 멋진 사진만 볼 수 있는 게 아니야. 과학과 더불어 지리와 역사 공부도 할 수 있어. 아저씨는 단순히 아름다운 사진만 찍으러 다니시는 게 아니야. 전 세계 사람들이 보다 평등하게 살고, 환경을 지키는 일에 다 함께 나서길 바라는 마음으로 사진을 찍으시는 거지. 얀 아저씨는 사람들이 먹고 마실 것이 충분하지 않아서 힘들어하는 나라에도 가신대. 그런 곳에서는 아이들이 학교도 못 간다고 해.
아저씨는 지금까지 100개가 넘는 나라를 여행하셨대. 정말 놀랍지? 우리나라에도 열세 번인가 오셨는

데, 그때마다 너무 바쁘셔서 어떨 때는 공항에서 바로 헬리콥터를 타고 DMZ를 찍으러 가신 적도 있다고 해. 가끔 엄마에게 아저씨 전화가 오기도 하는데, 어떤 때는 브라질에서, 또 어떤 때는 탄자니아에서 전화가 오는 것을 보았어. 지금도 아저씨는 지구 위의 어딘가를 날아다니고 있으실 것만 같아.

나는 가끔 비행기를 타면 사방이 꽉 막혀 있는 것이 너무 답답해서 '누드 비행기'가 있으면 얼마나 좋을까 하는 상상을 해보곤 해. 그러면 하늘 위뿐만 아니라 우리가 사는 땅도 다 볼 수 있지 않을까? 그런 비행기를 타고 세계를 누빈다는 상상만 해도 즐거워. 그런 비행기, 아니 헬리콥터를 타고 세상을 둘러보고 싶어. 너무너무 재미있을 것 같지 않니? 하늘에서 내려다보면 사람, 집, 밭, 마을, 강 같은 것들이 전부 퍼즐의 한 조각처럼 아주 쪼그맣게 보일 거야. 하지만 조금만 내려가 보면 금방 모든 것이 점점 커 보일 거야. 생각만 해도 너무 신나. 헬리콥터를 타고 피부가 까만 사람, 노란 사람, 하얀 사람들이 사는 모든 대륙들을 가보고 싶어.

얀 아저씨는 유엔 기구 중에서 지구 환경 보호를 책임지고 있는 UNEP(유엔환경계획)의 명예 홍보대사로도 활동하고 계셔. 전 세계를 여행하면서 우리 지구가 심각한 질병에 시달리는 게 너무 마음 아파서 저절로 '환경 투사'가 되셨대. 언젠가 아저씨가 엄마에게 만년설이 전부 녹아버린 킬리만자로 사진을 보내주신 적이 있는데, 나도 깜짝 놀랐어. 하얀 만년설로 덮여 있어 아프리카 사람들이 성스럽게 여긴다는 산이 마치 민둥산처럼 헐벗은 모습을 하고 있었거든. 아저씨는 우리 지구의 미래 모습이 그렇게 변할까 봐 걱정하시는 것 같아. 아저씨는 유엔에서 주는 '올해의 인물상'도 받고 여러 신문들에서 '지구를 지키는 영웅' 등의 명예로운 칭찬을 듣기도 했지만, 우리 지구의 상태는 크게 나아지지 않는다고 걱정이 이만저만 아니셔. 그래서 2009년에 60여 개국을 항공 촬영해 〈홈Home〉이라는 영화를 만든 뒤에 전 세계에서 무료로 상영하시기도 했어.

나도 아저씨의 생각에 공감해서 엄마에게 부탁해 우리 친구들을 위해 이 책을 함께 만들어 보았어. 이 책을 보면서 우리 지구가 얼마나 아름다운지, 지구 위에서 살고 있는 사람들은 또 얼마나 많은지, 우리가 다 함께 건강하게 살려면 어떻게 해야 하는지 생각해 볼 수 있을 거라고 믿어. 하지만 너무 심각해 질 필요는 없어. 왜냐하면 이 책을 그저 한번 넘겨보는 것만으로도 지구의 아름다움을 충분히 느낄테니까.

이제 우리 모두 함께 헬리콥터에 올라볼까.

이 나라 섬 중에는 천국 또는 낙원이라는 뜻의 '파라다이스'라는 이름을 가진 섬도 있답니다.
최근에 지구 기후가 변하면서 예전보다 훨씬 크고 힘이 센 허리케인이 이곳에 자꾸만 불어오고 있습니다.

북아메리카, 바하마

엑수마 제도의 작은 섬들과 해저

북아메리카, 바하마 300년 넘게 영국의 지배를 받은 대서양의 섬나라이다. '캐러비안의 해적' 촬영지로 유명하다. (인구 30만 명)

▶ **에메랄드빛으로 아름답게 빛나는 이 신기한 바다는 어디일까요?**
미국 플로리다 주의 남동쪽에 자리한 바하마의 바다입니다. 이곳은 비행기와 배가 갑자기 사라지는 버뮤다 삼각 지대에 속해 있습니다.

▶ **콜럼버스가 긴 항해 끝에 최초로 도착한 이 나라는 약 700개 섬으로 이루어져 있답니다.**
땅이 기름지지 못하고 허리케인이라는 폭풍우가 자주 불어서 농사를 짓기에는 좋지 않은 곳이지요. 과일과 채소를 재배하기는 하지만, 대부분의 먹을거리는 다른 나라에서 사 오고 있습니다.

▶ **그렇다고 이곳 주민들의 생활이 어려운 것은 아닙니다.**
이렇게 아름다운 섬과 바다에서 휴식을 취하기 위해 관광객들이 많이 찾아오기 때문입니다.

이스라엘의 농촌 공동체인 모샤브는 1921년에 처음 만들어져 1980년대까지 4백 개가 넘게 건설되었습니다.
이웃 나라에 흩어져 있던 유대인들이 박해를 피해 이곳으로 모여들었기 때문입니다.

아시아, 이스라엘

나할랄의 농촌 공동체 모샤브

아시아, 이스라엘 세계 유일의 유대교 국가지만 인구의 약 15퍼센트는 이슬람교도이며 기독교도도 있다. 여자들도 2년 동안 병역의 의무를 지고 있다. (인구 70만 명)

▶ **많은 사람들이 함께 모여 살기 위해서는 어떻게 해야 할까요?**
2천 년 동안 나라가 없어서 세계 곳곳을 떠돌던 유대인들은 옛날에 조상들이 살던 땅으로 돌아온 뒤에 여러 가족이 함께 살아갈 수 있는 마을을 만들었습니다.

▶ **그들이 만든 마을은 모샤브라 불리는 농촌 공동체입니다.**
기름진 들판 한가운데에 자리 잡은 이 마을의 농민들은 각자 자기 땅에서 농사를 짓습니다. 하지만 함께 일해 얻은 이익은 공동으로 소유합니다. 이러한 이익 덕분에 이곳 아이들은 무상으로 공부를 하고 있습니다.

▶ **오늘날에는 세계 곳곳에서 농촌 사람들이 고향을 떠나 도시로 일하러 갑니다.**
여전히 이곳처럼 사람들이 다정하게 살아가는 농촌 마을이 남아 있다는 것이 매우 흥미롭습니다.

화산이 폭발한 분화구와 별똥이 떨어진 곳은 모양이 비슷하여 구별하기가 쉽지 않습니다.
두 곳 모두 뜨거운 열에 녹아내린 바위가 있지만, 산산조각이 난 돌은 별똥이 떨어진 곳에만 있습니다.

오세아니아, 오스트레일리아

고스 블러프의 운석 구덩이

오세아니아, 오스트레일리아 세계에서 가장 작은 대륙으로 캥거루와 코알라의 천국이며 '세계의 배꼽'이라 불리는 울루루 바위로 유명하다. (인구 2천만 명)

▶ **깊이가 150미터이고 지름이 5킬로미터나 되는 이 구덩이는 어떻게 생겨났을까요?**

오스트레일리아 북쪽에 있는 이 구덩이는 약 1억 4천 250만 년 전에 우주에서 운석이라 불리는 별똥이 떨어져서 만들어진 것으로 알려져 있습니다. 지하수나 화산 폭발로 인해 만들어진 것이라고 주장하는 사람들도 있습니다.

▶ **남아프리카공화국에는 지름이 300킬로미터나 되는 어마어마한 크기의 운석 구덩이도 있습니다.**

이 정도 크기라면 충돌 당시 아주 멀리 떨어진 곳의 생물까지 모두 멸종되었을 것이라고 하네요. 오늘날에도 1년에 수천 개나 되는 별똥별이 긴 꼬리를 남기며 지구로 떨어지고 있답니다.

▶ **하지만 너무 걱정하지 않아도 됩니다.**

대부분 지름이 1미터를 넘지 않아 지구에 다가오는 순간 공기 속에서 불타 없어지니까요.

마치 커다란 루빅큐브처럼 보이는 이곳은 모나코의 몬테카를로 지역에 있는 컨퍼런스 센터의 지붕 테라스입니다.
추상화를 그리는 화가와 집을 짓는 건축가가 힘을 합쳐 건물을 멋진 예술 작품으로 만들어 내었습니다.

유럽, 모나코

몬테카를로의 컨퍼런스 센터 지붕 테라스

유럽, 모나코 세계에서 두 번째로 작은 나라로 자동차 경주가 유명하다. 국가 수입의 상당 부분을 관광과 우표 판매에서 얻고 있다. (인구 3만 6천 명)

▶ **빨강, 초록, 파랑으로 예쁘게 칠해진 이 거대한 무늬는 평면일까요 아니면 입체일까요?**

직육면체를 쌓아 놓은 것처럼 보이지만 컨퍼런스 센터 강당의 평평한 지붕 테라스입니다. 그래서 사진처럼 사람들이 걸어 다닐 수 있답니다.

▶ **지중해를 볼 수 있게 해변에 높이 세워진 이 지붕 테라스의 재료는 돌입니다.**

프랑스의 볼빅에서 캐낸 화산암을 마름모 모양의 널빤지처럼 자른 다음 에나멜 칠을 한 것이랍니다. 육각형 모양의 이 지붕에는 14가지 색으로 칠해진 이러한 마름모 석판이 무려 2만 4천 개나 사용되었습니다.

▶ **이 테라스를 만든 사람은 추상 기하학 예술의 거장인 바사렐리라는 화가입니다.**

그는 1979년에 갱스부르라는 건축가와 함께 이 건물을 세웠습니다. 이 작품에는 〈헥사 그레이스〉라는 제목이 붙여졌습니다. 착시를 통해 입체적 효과를 내기 위해 이렇게 화려한 색깔이 사용되었습니다.

매년 220만 더 이상의 자동차를 생산하는 프랑스에서는 그 숫자에 비례하여 많은 자동차가 이처럼 버려집니다.
이 나라에서는 자동차 회사에서 자기 제품을 책임지고 처리하도록 하는 법을 만들었습니다.

유럽, 프랑스

생브리왹의 재활용 자동차들

유럽, 프랑스 혁명과 포도주, 에펠탑과 루브르 박물관 등 예술의 나라로 유명하다. (인구 6천 500만 명)

▶ 찌그러진 물감 튜브를 켜켜이 쌓아 놓은 것처럼 보이는 이것들은 무엇일까요?

납작하게 압축된 후 재활용되기를 기다리고 있는 프랑스의 폐차들이랍니다. 원래 어떻게 생긴 자동차인지 상상해 볼까요.

▶ 이곳에 오기 전에 이 차들은 부품을 떼어내고 오염물질을 제거하는 과정을 거칩니다.

폐차 회사에서는 재활용이 가능한 부품들은 따로 모아서 중고품 시장에 내어 놓거나 재활용합니다.

▶ 자동차는 우리를 빠른 속도로 먼 곳까지 데려다 줍니다.

하지만 때때로 교통사고를 일으키기도 하고 매연을 내뿜기도 하지요. 그래서 자동차를 안전하고 올바르게 이용하는 일이 매우 중요하답니다.

국토의 80퍼센트 이상이 높은 산악 지대여서 중앙아시아의 스위스로도 불리는 이곳은 빙하가 발달하였습니다.
빙하가 있는 산악 지대 아래에는 80여 개의 민족이 살고 있는데, 그 중에는 우리 민족인 고려인도 있습니다.

아시아, 키르기스스탄

한텡그리 산 부근의 푸른 빙하 강물

아시아, 키르기스스탄 아시아 대륙의 중앙에 위치해 있으며 국토의 40퍼센트 이상이 해발 3천 미터가 넘는 고지대이다. 그래서 주로 고산 기후를 띠며 해발고도에 따라 지중해성 기후 등 다양한 기후를 보인다. (인구 500만 명)

▶ 너무나 아름다운 색깔을 띠고 있는 이 강물은 어디에서 시작되었을까요? 높이가 수천 미터나 되는 산 위의 빙하가 녹아 물이 되어 흐르는 것입니다.

▶ 이 강들은 중앙아시아에 자리 잡은 키르기스스탄과 중국 사이의 톈산 산맥에 있는 한텡그리 산의 근처를 흐르고 있습니다.
이 산의 꼭대기에도 두께가 15미터나 되는 얼음 덩어리들이 쌓여 있지요. 이런 얼음 덩어리들은 추운 겨울에 산 위에 내린 눈이 쌓인 것인데, 여름이 되면 녹아서 마실 수 있는 물이 됩니다.

▶ 지구 육지 면적의 11퍼센트를 차지하는 빙하는 사람들이 살아가는 데 중요한 역할을 합니다.
세계 사람들의 절반 가까이가 빙하에서 흘러내리는 물을 수원으로 삼고 있기 때문이지요. 지구가 따뜻해지면서 점차 사라지고 있는 이 얼음덩어리들은 한 번 녹으면 다시 얼릴 수 없겠죠.

높이가 3천 미터가 넘는 산봉우리가 18개나 되는 뉴질랜드는 수력 발전이 활발하게 이루어지는 나라입니다.
이처럼 수력 발전을 통해 생산되는 전기 중의 약 3분의 1은 아시아와 태평양 지역에서 생산되고 있습니다.

오세아니아, 뉴질랜드

오하우 호수 근처의 강과 발전소

오세아니아, 뉴질랜드 뱀이 없고 멸종 위기에 처한 키위 새가 살고 있다. 원주민은 마오리 족이며, 양을 키우는 것이 제일 큰 산업이다. (인구 400만 명)

▶ **마치 물감을 풀어놓은 듯한 옥색의 이 강은 자연적으로 만들어진 것일까요, 아니면 사람이 만든 것일까요?**
뉴질랜드 남섬에 있는 이 커다란 강과 중간에 쌓은 댐, 그 아래쪽의 주황색 발전소는 모두 사람들 손으로 만든 것이랍니다.

▶ **이 섬에 있는 남알프스 산맥에는 높이가 3천 754미터인 쿡 산을 비롯해 많은 산들이 눈과 얼음으로 덮여 있습니다.**
이것들이 녹아서 산 아래 호수로 흘러가거나 바다로 향하는 강물이 되기도 하지요.

▶ **뉴질랜드는 풍부한 물을 이용해 수력 발전소를 많이 세웠습니다.**
이 발전소들은 오염물질을 거의 배출하지 않아 환경에 이롭다고 알려져 있습니다. 하지만 너무 크게 만든 댐 때문에 동물들과 식물들이 힘들어 하지요. 그래서 사람들은 전기를 만들면서 환경도 보호할 수 있는 새로운 방법을 찾고 있습니다.

사막 지대에 사는 사람들은 물이 귀하기 때문에 물을 활용하는 방법에 숙달해 있습니다.
물이 증발되지 않도록 땅속으로 물길을 만들고, 한 번 사용한 물을 모아서 다시 사용하기도 합니다.

아시아, 요르단

와디 럼 사막의 푸른 채소밭

아시아, 요르단 영화 '인디아나 존스'의 촬영지로 유명한 세계 문화유산 페트라 유적이 있다. 세계 역사상 최초로 농사를 짓기 시작한 곳 중의 하나라고 한다. (인구 500만 명)

▶ **커다란 푸른 색 원반처럼 생긴 밭에서는 무엇을 키우고 있을까요?**

요르단의 사막 한가운데 만들어진 이들 밭에서는 양파, 토마토, 당근, 사탕무 같은 온갖 채소들이 자라고 있답니다. 이 나라의 동쪽 지방은 비가 적게 내리고 바위가 많은 사막지대라 물이 많이 부족합니다.

▶ **이렇게 메마른 땅에서 농사를 짓기 위해 농부들은 땅 속의 물을 뽑아 올려 사용하고 있습니다.**

바퀴가 여러 개 달린 스프링클러라는 장치가 시계 바늘처럼 계속 돌면서 채소밭에 물을 자동으로 뿌려 주지요. 스프링클러가 얼마나 긴지 넓은 밭은 지름이 1킬로미터나 된답니다.

▶ **하지만 물을 너무 많이 뽑아 올리는 바람에 땅 속의 물이 점점 줄어들고 있어서 밭도 점점 줄어들고 있습니다.**

그래서 이곳 농부들은 물을 아껴 쓰는 방법을 연구하고 있습니다.

초식 동물인 순록은 뜯어 먹을 풀이 부족하면 이처럼 여럿이 큰 무리를 지어 다른 곳으로 이동을 합니다.
무리를 지어 살면서 한 번에 한 마리의 새끼만 낳는 이들은 멸종 위기에 처해 있어서 보호를 받고 있습니다.

북아메리카, 그린란드

이비투드의 툰드라를 달리는 순록 무리

북아메리카, 그린란드 세계에서 가장 큰 섬으로 2009년에 덴마크로부터 독립했다. 2~3주밖에 안 되는 짧은 여름에는 이곳 주민들도 반팔 옷을 입는다. (인구 5만 6천 명)

▶ **세계에서 가장 큰 섬은 어디일까요?**
북아메리카에 있는 그린란드죠. 섬의 크기가 남북한을 합한 크기의 약 10배나 되는데도 사람은 5만 6천 명밖에 살지 않는답니다. 대신에 순록이라 불리는 사슴 종류가 10만 마리 넘게 살고 있습니다. 그러고 보면 이 섬의 주인은 사람이 아니라 순록이라고 해도 되겠네요.

▶ **해마다 크리스마스이브가 되면 반짝이는 코를 뽐내며 산타클로스의 썰매를 끄는 루돌프도 알고 보면 북극 지방의 순록이랍니다.**
커다란 덩치를 자랑하는 순록은 암수 모두 이마에 멋진 뿔이 나 있습니다. 그린란드의 원주민인 이누이트 족은 옛날부터 순록을 집에서 기르기도 하고 얼음 벌판에서 사냥하기도 했지요.

▶ **그래도 그린란드 남서쪽의 야생 순록들은 다른 지역에 사는 순록보다 행복하답니다.**
사나운 늑대가 살지 않아서 사냥 나온 이누이트 족만 조심하면 되거든요.

사진에서 보듯이 아프리카 최고봉 킬리만자로의 만년설은 점점 사라지고 있습니다.
이로 인한 물 부족으로 부족들끼리 갈등이 커지고 있고, 야생 동물들도 위기에 처해 있습니다.

아프리카, 탄자니아

꼭대기의 만년설이 녹은 킬리만자로 산

아프리카, 탄자니아 마사이 족이 살고 있는 곳이다. 백만 마리가 넘는 누와 20만 마리가 넘는 얼룩말이 뛰노는 동물의 왕국 세렝게티 국립공원이 유명하다. (인구 3천 700만 명)

▶ **원래 이 산 꼭대기에는 무엇이 있었을까요?**

오랜 세월 동안 녹지 않는 만년설이 이 산 꼭대기를 하얗게 뒤덮고 있었답니다. 아프리카 대륙에서 제일 높은 이 산은 적도 부근의 열대 지방에 있으면서도 높이가 5천 895미터나 되기 때문에 꼭대기에 항상 눈이 쌓여 있었던 것입니다.

▶ **이 산이 세계적으로 유명해진 것은 노벨문학상을 받은 미국 소설가 어니스트 헤밍웨이가 〈킬리만자로의 눈〉이라는 소설을 쓴 뒤부터였지요.**

우리나라에서도 〈킬리만자로의 표범〉이라는 노래 제목으로 그 이름이 널리 알려졌답니다.

▶ **만 년 이상이나 쌓여 있던 눈이 사라질 위기에 놓여 있습니다.**

과학자들은 킬리만자로 산의 꼭대기에 조금 남은 눈마저 곧 사라질 것이라고 걱정하고 있습니다. 〈2006년 유엔 보고서〉에 따르면 2025년이 되면 약 4억 8천만 명의 아프리카 사람들이 물 부족에 시달리게 될 것이라고 합니다.

아프리카의 열대 우림 지역에는 1년에 2천 밀리미터 이상 비가 오는 곳이 많습니다.
높이가 30미터가 넘는 나무들이 울창하게 자라는 이 지역은 키가 작은 원시 종족인 피그미 족의 보금자리입니다.

아프리카, 가봉

이빈도 국립 공원의 폭포수

아프리카, 가봉 1960년에 프랑스로부터 독립했지만 프랑스어를 공용어로 쓰고 있다. 아프리카의 여러 나라 중에서 비행장이 가장 조밀하게 배치되어 있다. (인구 130만 명)

▶ **힘차게 쏟아지는 이 폭포는 얼마나 큰 소리를 낼까요?**

귀여운 이름의 지지 강이 낭떠러지로 떨어지면서 만들어진 이 폭포 주변에는 고릴라, 침팬지, 코끼리가 많이 삽니다. 숲이 너무 울창해 사람이 들어갈 수 없기 때문에 오로지 이 동물들만이 폭포의 웅장한 소리를 들을 수 있답니다.

▶ **아프리카 대륙의 서쪽에 자리 잡은 가봉은 적도가 지나가는 열대 지역입니다.**

비가 많이 내려 나무들이 잘 자라는 나라이지요. 낮에도 어두컴컴한 숲 속에는 온갖 식물과 동물들이 어울려 살고 있습니다. 특히 새가 많아 무려 350여 종류나 된다고 하니 살아 있는 새 박물관이라고 부를 수 있겠지요.

▶ **이렇게 소중한 숲은 이 나라의 보물입니다.**

그래서 사람들은 자연을 파괴하지 않고 관광객을 끌어들일 수 있는 방법을 찾고 있습니다.

필리핀에는 세계에서 가장 많은 섬이 있는데도 이 마을은 바다 위에 자리 잡고 있습니다.
이 마을 사람들은 바다를 자유롭게 누비고 다니기 때문에 '바다의 집시'라는 별명으로 불립니다.

아시아, 필리핀

통킬의 대막대기 위의 마을

아시아, 필리핀 사면이 바다로 둘러싸인 해양국가로 인근 바다가 태풍의 발생지이다. 환태평양 조산대에 있기 때문에 화산과 지진으로 인한 피해도 적지 않다. (인구 9천 200만 명)

▶ **드넓은 바다 위에 떠 있는 집에는 누가 살고 있을까요?**
필리핀 남부에 자리 잡은 술루 열도의 통킬에는 바드자오 족이 대막대기 위에 집을 짓습니다. 이들은 물고기를 잡거나 조개를 채취하며 살아갑니다. 산호초를 따라 나 있는 긴 물길이 보이죠? 이 수로를 통해 먼 바다로 나갈 수도 있어요.

▶ **이 마을 사람들은 이슬람을 믿는 소수 민족입니다.**
이 나라 국민 대부분이 가톨릭을 믿기 때문에 이들은 차별 대우를 받고 있다고 느끼고 있지요.

▶ **또한 이곳은 풍부한 자원을 둘러싸고 정부와 이슬람교도 사이에 분쟁이 자주 일어나는 곳이기도 합니다.**
이렇게 아름다운 바다에 살고 있는 사람들이 종교와 경제 문제로 인해 평화롭게 살지 못하는 것은 정말 슬픈 일이 아닐 수 없습니다.

아주 오래 전 원시 시대부터 사람들은 자기의 소망을 담아 벽이나 땅에 그림을 그리는 풍습이 있었습니다.
특히 사진 속의 여인처럼 인도 여성들은 식구들이 행복하기를 바라는 마음을 담은 그림을 그려 왔습니다.

아시아, 인도

라자스탄 지역의 집 마당에 그려진 그림

아시아, 인도 '아바타'와 '포켓몬' 캐릭터의 바탕이 된 '마하바라타'가 전해 온다. 볼리우드라 불리는 영화 산업이 발달하여 세계에서 가장 많은 영화를 만들고 있다. (인구 11억 명)

▶ **왜 이런 그림들이 마당에 그려졌을까요?**
인도 라자스탄 지역의 주민들은 5천 년 전부터 마당과 벽에 독특하고 아름다운 그림을 그려 왔습니다. 이 그림들은 집안의 행복을 표시하는 역할을 합니다. 그래서 불행한 일이 벌어진 집에서는 그림을 그리지 않는답니다.

▶ **농촌 여성들이 주로 그리는 이 그림들은 크게 두 종류로 나누어집니다.**
갖가지 도형 모양으로 그려진 것은 만다라로 불리고 인간과 동물을 그린 것은 타파로 불립니다. 명절이 되면 사람들은 마음속으로 행운을 기원하면서 흐릿해진 옛 그림들을 지우고 행운을 기원하면서 새로 그림을 그리지요.

▶ **이렇게 그림을 그리는 것은 옛날부터 전해 오는 아름다운 풍습입니다.**
정성스럽게 이 풍습을 이어가고 있는 여인의 얼굴에서 전통의 힘이 느껴집니다.

여름에 해가 지지 않고 겨울에 해가 뜨지 않는 북극에서는 여름에도 기온이 10도를 넘는 날이 많지 않습니다.
지구 온난화의 영향을 크게 받는 이곳에서도 최근에는 남극처럼 오존층에 생긴 커다란 구멍이 발견되었습니다.

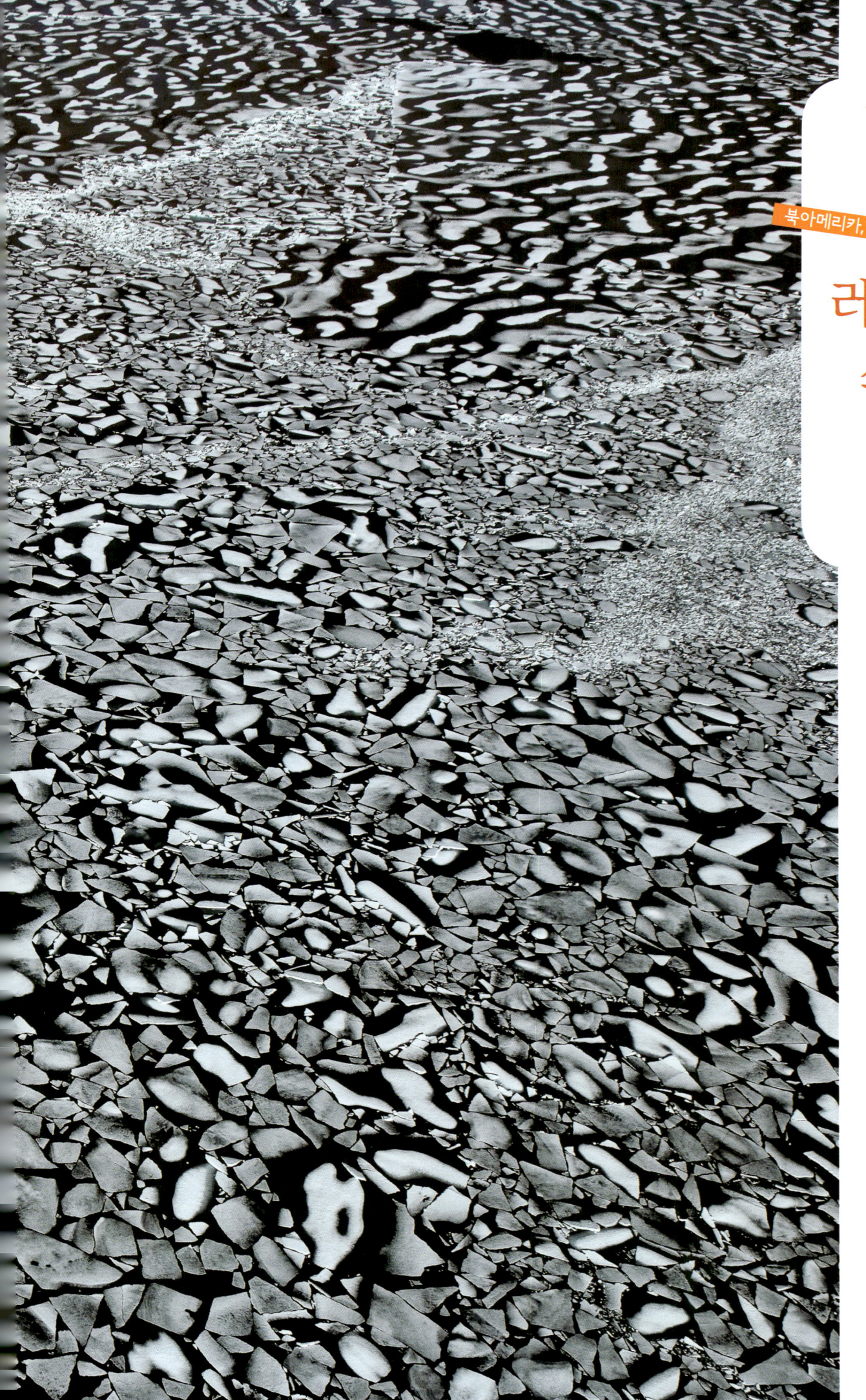

북아메리카, 캐나다

레절루트 만의 쇄빙선

북아메리카, 캐나다 국토 면적이 세계에서 두 번째로 넓다. 영연방에 속해 있기 때문에 국가 원수는 영국의 엘리자베스 2세 여왕이다. (인구 3천 200만 명)

▶ **빨간 색으로 예쁘게 칠해진 이 배는 무슨 일을 하고 있는 걸까요?**
다른 배가 지나갈 수 있도록 엄청난 힘으로 얼음을 부수면서 꽁꽁 얼어붙은 바다에 길을 내고 있지요. 이렇게 얼음을 깨는 배를 쇄빙선이라고 합니다. 이 배는 캐나다의 쇄빙선들 중에서 가장 크고 오래되었답니다.

▶ **우리가 상상하는 것보다 훨씬 더 추운 곳에도 사람들이 산답니다.**
1년 내내 얼음과 눈이 녹지 않는 혹독한 날씨 때문에 이런 배가 없으면 필요한 물건을 나를 수가 없지요. 그런데 지구가 따뜻해지면서 북극의 얼음들이 계속 줄어든대요.

▶ **얼마 전에는 항상 얼어 있던 북극 바다의 동서를 연결하는 뱃길이 얼지 않는 일까지 벌어졌습니다.**
이런 일이 되풀이되면 배들은 쇄빙선의 도움 없이도 언제든지 북극 바다를 가로지를 수 있겠지요. 그러면 이 배는 아무 쓸모가 없어지겠죠.

많은 섬들로 이루어진 달마티아 지방은 땅이 매우 척박하여 농사 짓기가 힘든 곳입니다.
여름은 건조하고 겨울이 따뜻한 지중해성 기후라서 농사를 짓는 대신 가축을 기르는 집이 많습니다.

유럽, 크로아티아
점박이 개 달마티안의 아름다운 고향

유럽, 크로아티아 이탈리아 반도 건너편에 자리 잡고 있다. 중세의 모습을 간직한 수도 자그레브는 동서양을 잇는 교통의 요지이다. (인구 450만 명)

▶ **갈퀴로 긁어 낸 것처럼 땅 위에 흰 줄이 나란히 그어져 있는 이곳은 어디일까요?**

디즈니사에서 만화 영화로 만들면서 유명해진 점박이 개 달마티안의 고향 달마티아입니다.

▶ **달마티아는 크로아티아라는 작은 나라의 바닷가 지방입니다.**

이곳의 땅은 아주 오래 전에 양쪽에서 미는 힘 때문에 커다란 물결 모양으로 휘어졌습니다. 그 중에서 높은 곳은 언덕이 되거나 섬이 되었고 낮은 곳은 골짜기가 되거나 바닷물 속에 잠겼지요.

▶ **오랫동안 비와 바람에 흙이 깎여 나가면서 석회암이라는 바위가 흰 줄처럼 겉으로 드러났습니다.**

언덕에 서 있던 나무들도 양을 놓아기르는 바람에 거의 사라졌지요. 그래서 이제는 양들이 못 들어가게 쌓은 흰 돌담 속에서만 올리브 나무와 포도들이 자라고 있습니다.

지구상에 처음으로 상업적인 텔레비전 방송이 시작된 것은 1930년대 후반이었습니다.
그때로부터 백 년도 채 지나지 않아 수십억 명의 사람들이 텔레비전 앞으로 모여 들어 여가 생활을 즐기고 있습니다.

아시아, 시리아

알레포의 접시 모양의 안테나들

아시아, 시리아 아시아에서 우리나라와 외교 관계를 맺지 않은 유일한 나라이다. 기원전에 세워진 수도 다마스쿠스는 세계에서 가장 오래된 도시 중 하나이다. (인구 1천 900만 명)

▶ **건물 옥상마다 빼곡히 놓여 있는 둥근 접시들은 무엇일까요?**

우리나라에서도 흔히 볼 수 있는 위성 방송 안테나입니다. 이 안테나들은 우주에서 지구 주위를 돌고 있는 인공위성으로부터 방송 신호를 받는답니다. 덕분에 우리는 여러 나라의 텔레비전 방송을 마음껏 즐길 수 있게 되었지요.

▶ **시리아의 알레포는 8천 년이나 된 세계에서 가장 오래된 도시 중의 하나입니다.**

이곳마저 이렇게 위성 방송 안테나로 뒤덮일 정도로 텔레비전은 인기가 많답니다. 글자를 읽거나 쓸 줄 몰라도 누구나 텔레비전을 즐길 수 있기 때문이지요.

▶ **텔레비전 시청에는 제법 전기가 많이 듭니다. 컴퓨터는 훨씬 더 전기를 잡아먹지요.**

텔레비전을 보지 않을 때 코드를 빼두는 것은 상식이지요. 컴퓨터도 마찬가지랍니다.

빙하는 지구 육지의 10분의 1 정도만 덮고 있지만 빙하의 물은 육지에 있는 물의 4분의 3이나 됩니다.
만약 지구상의 모든 빙하가 녹는다면 바닷물의 높이가 높아져 많은 도시가 물에 잠기게 될 것입니다.

유럽, 노르웨이

서서히 크기가 줄고 있는 폴게포나 빙하

유럽, 노르웨이 전 세계에서 처음으로 여성에게 투표권을 부여했다. 세계 최고 수준의 사회 보장 제도를 갖추고 있다. (인구 460만 명)

▶ **빙하는 움직일까요, 움직이지 않을까요?**

우리 눈에는 움직이지 않는 것처럼 보이지만 사실은 아주 조금씩 아래쪽으로 움직인답니다. 스칸디나비아 반도에 위치한 노르웨이에는 육지 깊숙한 곳까지 바닷물이 들어와 있는 좁은 피오르드가 많습니다. 폴게포나라 불리는 이 빙하는 하르당게르와 쇠르 피오르드 사이의 높은 고원 위에서 서서히 미끄러져 내려가는 중입니다.

▶ **날씨가 더워지는 여름이 되면 빙하가 피오르드 속으로 녹아들면서 보기 드문 광경을 만들어 내기도 합니다.**

많은 나라들이 지금처럼 이산화탄소를 비롯한 온실 가스를 계속 배출하면 얼마 지나지 않아 이 빙하는 사라질지도 모릅니다. 그때는 그런 멋진 광경을 볼 수 없게 되겠지요.

오른손을 들고 웃고 있는 만델라 대통령은 무려 27년 동안이나 감옥에 갇혀 있었습니다.
오랫동안 자유를 잃었다가 풀려난 그는 인종 차별을 없애기 위해 노력한 것을 인정받아 1993년에 노벨평화상을 수상하였습니다.

아프리카, 남아프리카공화국

대통령 얼굴이 그려진 소웨토의 발전소 냉각탑

아프리카, 남아프리카공화국 네덜란드계 보어 인의 후손인 백인이 흑인과 아시아인을 억압하던 인종 차별의 악습이 여전히 남아 있다.
(인구 4천 900만 명)

▶ 아프리카 대륙의 가장 아래쪽에 있는 남아프리카공화국 하면 무엇이 떠오르나요?
2010년 월드컵, 나팔 모양의 부부젤라, 다이아몬드, 희망봉뿐만 아니라 노벨평화상을 받은 넬슨 만델라 대통령이 생각나지요.
▶ 이 나라는 오래 전부터 소수인 백인들이 다수인 흑인들을 차별하는 아파르트헤이트라는 인종 분리 정책을 실시하였습니다.
넬슨 만델라 대통령은 이 정책에 반대하다가 감옥에 오랫동안 갇혀 있어야 했습니다. 다행히 1988년에 풀려나 6년 뒤에는 대통령으로 뽑혔습니다.
▶ 지금은 멈춰선 소웨토의 올란도 화력 발전소는 막상 흑인들이 살던 소웨토 지역에는 전기를 보내지 않았습니다.
다행히 이제는 이 지역의 생활 환경도 조금씩 좋아지고 있답니다.

아나톨리아라는 이 지역의 이름은 동쪽 또는 해돋이라는 뜻을 가진 그리스 말에서 유래된 것이라고 합니다.
터키 영토의 대부분을 차지하는 이 지역의 동쪽에는 노아의 방주가 닿았다는 아라라트 산이 솟아 있습니다.

아시아, 터키

두 색으로 나뉜 아나톨리아의 농토

아시아, 터키 아시아와 유럽 두 대륙에 걸쳐 있는 문명의 교차로이다. 한국 전쟁 때 군대를 보낸 24개 국 중의 하나이다. (인구 7천 100만 명)

▶ **녹색과 적갈색으로 뚜렷하게 구별되는 이곳은 어디일까요?**
아시아와 유럽에 걸쳐 있는 터키의 아나톨리아 지역이랍니다. 검붉은 흙이 드러난 밭은 씨앗을 뿌리지 않았거나 뿌린 씨앗에서 아직 싹이 트지 않은 곳이지요.

▶ **터키 농부들은 지방에 따라 서로 다른 종류의 농산물을 재배하고 있습니다.**
바닷가 지방에서는 과일 나무를 많이 기르고 바다에서 멀리 떨어진 내륙 지방에서는 사탕무를 많이 기른답니다.

▶ **여전히 많은 농부들이 가난하게 살고 있지만, 이들은 한 가지 행운을 타고 났습니다.**
땅이 매우 기름져서 거름을 따로 뿌리지 않아도 곡식이나 채소가 잘 자라기 때문이지요.

팔레스타인 사람들이 살던 곳에 유대인들이 1948년에 이스라엘을 건국하면서 양쪽의 갈등이 심해졌습니다.
오늘날 이스라엘은 서울에서 부산까지 거리의 두 배 가까운 약 8백 킬로미터의 분리 장벽을 세우고 있습니다.

아시아, 팔레스타인

서안 지대에 설치된 높은 분리 장벽

아시아, 팔레스타인 이스라엘에 둘러싸여 있는 국가로 자치 정부가 다스리고 있다. 오랫동안 갈등을 빚은 이스라엘이 영토의 일부를 점령하고 있다. (인구 390만 명)

▶ **산비탈에 서 있는 구불구불한 벽은 무엇 때문에 세워졌을까요?**
이스라엘이 함부로 팔레스타인 땅을 빼앗고 그곳에 팔레스타인 사람들이 들어오지 못하게 하려고 만들었습니다. 높이가 무려 8미터나 된다고 하니 정말 어마어마하지요.

▶ **이 벽은 이스라엘의 수도 예루살렘은 물론이고 예수가 태어난 곳으로 알려진 베들레헴에도 세워져 있습니다.**
건너편에 사는 팔레스타인 사람들은 이스라엘 사람들이 사는 곳으로 넘어오기 위해 반드시 검사를 받아야만 한답니다. 검사를 받기 위해 기다리는 사람들이 너무 많아 때때로 기다란 줄이 생기기도 하지요.

▶ **세계 여러 나라에서 이 벽을 없애라고 해도 이스라엘은 끄떡도 않고 있습니다.**
그래서 팔레스타인 사람들은 자기 땅을 되찾기 위해 이스라엘 사람들을 공격하기도 하지요. 하루 빨리 이스라엘 사람들과 팔레스타인 사람들이 사이좋게 사는 날이 오면 좋겠습니다.

얀 아저씨는 우리에게
어떤 이야기를 들려주고 싶은 걸까요?

아저씨는 1946년에 파리에서 태어났습니다. 쉿, 아저씨 몰래 한 가지 재미있는 이야기를 들려줄까요? 아저씨는 어린 시절 지독한 말썽꾸러기여서 여러 번 학교를 옮겨 다닐 정도였대요. 아마 아저씨가 아이들을 사랑하고 말 없는 동물들에 애정을 갖게 된 것은 이 때문이 아닐까요? 우리가 기회가 되면 파리를 여행하고 싶은 것과는 정반대로 아저씨는 파리 같은 도시를 별로 안 좋아한답니다. 파리에서 기차로 한 시간 정도 떨어진 시골의 작은 숲 근처에 아저씨의 집이 있는데, 마당의 높은 나무 위에 지어 놓은 오두막집은 아저씨의 큰 자랑거리랍니다. 아저씨는 이 자그마한 집에 있으면 수많은 영감이 떠오른다고 해요.

아저씨는 젊었을 때 프랑스 중부에 있는 자연보호 구역의 책임자로 일을 했고, 그러다가 사자의 행동에 관한 학위 논문을 쓰기 위해 가족과 함께 아프리카의 케냐로 갔습니다. 그때 사자 가족을 관찰하는 도구로 사진만큼 좋은 것이 없다는 것을 알게 되었죠. 때때로 사진 한 장이 어떤 글보다도 더 많은 이야기를 들려주니까 말이죠. 그리고 또 하나, 아저씨가 독창적으로 발견한 것은 사진을 사진으로만 찍는 데 그치지 않고 사진을 이야기와 어울리게 만든 거지요. 예를 들어 얼굴을 찡그리고 있는 사자를 찍으면서 어디가 아파서 그런 것인지, 아니면 짜증이 나서 그런 것인지를 재미있게 설명하여 마치 사자가 이야기를 하는 것처럼 만든 거지요. 아저씨는 사진을 단순히 어떤 대상을 잘 찍는 '기술'에서 대상이 말을 하는 것처럼 만든 '예술'로 바꾼 거예요. 참으로 기발하지 않나요? 그래서 얀 아저씨는 항상 이렇게 말합니다. "아름다운 것은 지구입니다. 저는 우리 시대의 증인으로서 다만 그것을 기록할 뿐입니다"라고요.

하지만 케냐에서 사자만 추적하던 아저씨는 생계를 위해 관광 가이드 일을 해야만 했습니다. 그러다가 동물들을 따라다니며 귀찮게 하는 사파리 관광이 아니라 동물들에게 아무 피해도 주지 않는 열기구 관광을 생각해 냈지요. 정말 아저씨다운 생각이었지요. 그러다가 하늘에서 본 지구가 얼마나 아름다운지를 알게 되었습니다. 아르키메데스도 목욕탕에 누워 있다가 우연히 부력의 원리를 발견했다던데, 얀 아저씨도 열기구에서 고생하다가 우연히 '항공사진'이라는 독특한 아이디어를 떠올리게 된 거죠.